JN419641

삶의 끝자락에 서서

박치준 시집

(두 번째 나들이)

닻별

시인의 말

오늘도 어제처럼 하루를 지키며 걸어가고 있습니다.

벌써 7년이란 시간이 넘어 8년이란 달력을 잡아당깁니다.
하늘에서 잘 살고 있겠지? 아직도 어제 같고 오늘 같습니다.

요즘은 어제와 오늘이 다르고 오늘과 내일이 같지 않다는 것을 매일 느끼곤 합니다.

행복했던 시간과 공간이 어느 날 어긋나고 무너지고 삶의 행복도 빨간 등이 켜지고 계절에 밀려 바람에 밀려 삶이 비어져 버리기도 합니다. 그렇게 아무도 모르는 어느 날 오후, 어느 거리에서 문득, 오늘을 살아가는 삶의 의미를 되돌아봅니다.

매일 행복한 웃음과 기쁨을 맘껏 느끼는 날은 언제가 될까요?
온종일 사랑하는 사람들과 행복을 마주하는 시간이 나에게도 행복한 기적으로 찾아오면 좋겠습니다.

오늘도 삶에서 하루를 더하고 붙이는 날에도 언제나 힘을 주는 사랑하는 딸과 이 세상을 살아가는 모든 분들과 함께 두 번째 나들이를 함께하며 나누고 싶습니다.
오늘도 삶의 끝자락에 서서 다가오는 평화와 행복이 흐르기를….

2025년 11월 어느 날

차례

시인의 말 ___ 003

1부 삶의 끝자락에 서서

오늘처럼 ___ 012___(시)

살아 있다는 것 ___ 013___(시)

삶의 의미(Before) ___ 014___(시)

삶의 의미(After) ___ 015___(시)

삶 ___ 016___(시)

인생의 얼굴 ___ 017___(시)

인생이란 ___ 018___(시)

삶의 끝자락에 서서 ___ 019___(시)

나 여기 있다 ___ 020___(시)

하루를 지키고 싶다 ___ 021___(시)

행복 퍼센트 ___ 022___(시)

걸어가 보자 ___ 023___(시)

시나브로 ___ 024___(시)

침몰 ___ 025___(시)

지식이란 ___ 026___(시)

점과 선 ___ 027___(시)

투시 ___ 028___(시)

읽고 쓴다는 것 ___ 029___(시)

도전 ___ 030___(시)

무죄 ___ 031___(시)

신호등 ___ 032___ (시)

이보시게 ___ 033___ (시)

한글 ___ 034___ (동시)

사라짐의 흔적 ___ 035___ (시)

언제가 될까 ___ 036___ (동시)

2부   어느 날 바람이 불어오면

남과 여의 말 ___ 038___ (시)

사랑을 먹는 이유 ___ 039___ (시)

그대를 향해 ___ 040___ (시)

사랑과 그리움 ___ 041___ (시)

사랑의 부작용 ___ 042___ (시)

아내에게 ___ 043___ (시)

그대에게 ___ 044___ (시)

사랑하는 일 ___ 045___ (시)

사랑은 높고 낮다 ___ 046___ (시)

외롭고 뜨거운 것 ___ 047___ (시)

세레나데 ___ 048___ (시)

그리워하는(바보사랑) ___ 049___ (시)

다시 우리 ___ 050___ (시)

우리 다시 만날 때까지 ___ 051___ (시)

어느 날 바람이 불어오면 ___ 052___ (시)

그리움의 방향 ___ 053___ (시)

이럴 때 그대가 무척 보고픕니다 ___ 054___(시)

당신이 내게서 떠나가던 날 ___ 055___(시)

당신이 살펴본다면 ___ 056___(시)

당신에게 ___ 057___(시)

그 이름 아래 ___ 058___(시)

마주하는 공기 ___ 059___(시)

봄 하늘 아래서 ___ 060___(시)

3부 봄 틈 사이로

봄이다 ___ 062___(시)

봄 틈 사이로 ___ 063___(시)

봄이 좋아요 ___ 064___(동시)

가을비 ___ 065___(시)

가을 n 겨울 ___ 066___(시)

겨울비는 말한다 ___ 067___(시)

늦은 가을 ___ 068___(동시)

낙엽 ___ 069___(동시)

눈만 남았어요 ___ 070___(동시)

바람에 바람에 ___ 071___(시)

목련꽃 ___ 072___(시)

지평선 넘어가면 ___ 073___(시)

풀잎 ___ 074___(시)

비 오는 날 ___ 075___(시)

비(여름비) ___ 076___(시)

어느 날 오후___ 077___(시)

바다 한가운데 ___ 078___(시)

까마귀가 목청을 떨치던 날 ___ 079___(시)

느티나무 ___ 080___(시)

4부   침묵하는 허공

밤이 눈을 뜨면 ___ 082___(시)

하루가 무너질 때 ___ 083___(시)

하루 플러스 ___ 084___(시)

좋은 아침 ___ 085___(시)

온종일 ___ 086___(시)

손길 없는 시간 ___ 087___(시)

얼굴의 하루 ___ 088___(동시)

외출 ___ 089___(동시)

마실 수 없는 찻잔 ___ 090___(시)

팥이 입속에 들어간 이유 ___ 091___(시)

외침 ___ 092___(시)

부재의 정적 ___ 093___(시)

미소 ___ 094___(시)

외로움 ___ 095___(시)

무방비 ___ 096___(시)

비어져 버렸습니다 ___ 097___(시)

마음과 계절 ___ 098___ (시)

언제나 ___ 099___ (시)

동감 ___ 100___ (시)

침묵하는 허공 ___ 101___ (시)

조용히 묻는다 ___ 102___ (시)

어느 거리에서 ___ 103___ (시)

어떤 밤 ___ 104___ (시)

사이 ___ 105___ (시)

가면 ___ 106___ (시)

둥글둥글 은방울 ___ 107___ (동시)

비누 ___ 108___ (동시)

5부   오늘을 살아가는 나에게

독버섯 ___ 110___ (시)

땅벌의 여행 ___ 111___ (동시)

그늘 ___ 112___ (동시)

신발 ___ 113___ (동시)

힘차게 으샤 ___ 114___ (동시)

오늘을 살아가는 나에게 ___ 115___ (시)

우리 시작해 볼까 ___ 116___ (시)

한 마디 ___ 117___ (시)

한마음 ___ 118___ (시)

꿈나라 ___ 119___ (시)

솜사탕 ___ 120___(시)

군밤 ___ 121___(동시)
엄마의 웃는 모습 ___ 122___(동시)
샛별 옆자리 ___ 123___(동시)
아무도 모르게 ___ 124___(동시)
아침 하늘 ___ 125___(동시)

1부
삶의 끝자락에 서서

오늘처럼

오늘처럼
당신은 불을 켜두었다
내가 덜 아프도록
손을 얹고

사랑이
오늘로는 부족할까 봐
내일을 조금 당겨 썼다

안녕이라 말하고
서로를 안은 밤
내일이
오지 않길 바랐다

당신은 우주에서
한 방향만 비추는
특별한 별

살아 있다는 것

가끔은
죽느냐 사느냐보다
지금 살아 있다는 것을

불빛 아래
내가 아직 따뜻한지
확인하고 싶었다

창문을 스친 바람에
흔들린 마음을
가만히 눌러본 날도 있었다

말없이 흐르는 물처럼
나는 어디쯤 있는지
스며드는 오늘을 지나며

살아 있다는 건
살아야 할 이유를
조용히 되씹는 일이다

삶의 의미(Before)

아침부터
몸이 말을 듣지 않았다

눈을 떴지만
숨은
한숨뿐

숟가락 하나
드는 데
세 시간이 걸렸고

그 하루는
내가 견딘
가장 긴 하루였다

삶의 의미(After)

오늘은
눈을 뜨는 일부터 달랐다

공기가
이토록 가득하다는 걸
처음 알았다

걸음을 옮기자
다리가 먼저 웃었다

숟가락 하나
몸이 먼저 받아주었다

먹는 일이
살기 위한 일이 아니라
살아 있음에 대한
감사의 시작이었다

이제는 알았다
삶은
어디에 있는가보다
어떻게 느끼는가에 있다는 것을

삶

삶은
살다 + ㅁ

오늘을 살아가는
입구일지도 모른다

정답은 없고
우리는
행복을 향해
한 걸음씩 걷는다

지금, 이 순간
그 자체로
의미가 되기를

인생의 얼굴

말은 습관이 되고
습관은 인격이 됩니다

인격은 얼굴이 되고
얼굴은 삶이 됩니다

하나의 말,
하나의 행동이
내일의 나를 만듭니다

진심은
조금 늦게 와도
사라지지 않습니다

오늘,
나는 말없이
나를 더합니다

인생이란

오늘,
물음표 다섯
느낌표 다섯

숨죽인 시간 속 .
내일을 기다리며
마침표 하나로
밤을 나눈다

삶의 끝자락에 서서

바람이 불면
당신에게 마음을 띄웁니다

그리움과 기쁨,
말하지 못한 사랑까지 보냅니다

지나온 날들,
막아둔 눈물도
작은 소식처럼 흘러
바람 너머 당신에게 닿습니다

보낸 것,
보내지 못한 것 —

오늘도
나는
삶의 끝자락에 서 있습니다

나 여기 있다

삼 일을 생생히 보내고
눈물이 길을 인도해 집에 왔다

집은 너무 정돈되어
발이 닿는 대로 옆으로 길을 열어주었다
반년을 비워두었는데
누구도 치우지 않은 방마다
슬픔이 윤이 나게 바닥을 닦고 있었다

손끝으로 그 물결을 지우면
순식간에 사라질 수도 있을까
흔적도 없이
아무도 모르게
웃으며 잠들 수 있을까

나 여기 있다
지금 보이지
기다렸지

하루를 지키고 싶다

하루가 살을 더한다
열 해 같은 하루

병상 위에서
나는 한 겹씩 생을 붙인다

천장을 올려다보면
줄지어 선 시간들
오늘은 내가 아프고
내일은 누군가가 아프다

시간이 되면 식사가 오고
배고픔이 사라지면
하루도 사라진다

멀리할수록 가까운 병원
세월의 무게가 손끝에 남는다

그래도 나는
오늘을,
서로를 지키고 싶다

행복 퍼센트

행복은
몇 퍼센트일까요
성공은 그 안에 있을까요

누군가는
행복이 성공이라 하고

다른 누군가는
성공해야 행복하다고 말합니다

우리는
나를 채점하며
조금씩 나를 잃어갑니다

정답은 없습니다

오늘
조금 달라도 괜찮습니다

당신만의 눈금으로
당신의 길을 걸어가면 됩니다

걸어가 보자

구름을 벗 삼은 사랑아
하늘 곁에 머물며
태양과 춤추던 그대,
어느 날 멀리 떠났지

밤을 품은 사랑아
별빛에 누워
긴 어둠을 지나
빛으로 돌아오지

나는 지금
낮과 밤 사이,
그대를 향해
조용히 걸어간다

시나브로

반가움에 눈이 닿고
고마움에 손이 머물고
즐거움에 마음이 웃고
사랑에 숨이 멎습니다

살아 있음에
문득 슬퍼지고
당신 없음에
조용히 무너져 갑니다

기다림은
이름 없는 계절처럼 흘러가고
사랑함은
시나브로 영원이 됩니다

침몰

물잔 속
달 하나가 기울고 있다

창틀에 걸린 바람
식지 않는 커피 잔
책장은 넘겨지지 않은 채
벌레가 베개처럼 눕는다

밤이 벽지를 타고 흐른다
빛도 소리도
문틈에 눅눅이 붙어 있다

손등 위 먼지 한 줌
무겁다

지식이란

지식은
먼저 아는 것과
조금 뒤에 아는 것 사이에
아무 차이도 없다

숨기려 하지도
서둘러 자랑하지도 말아라

알고 난 뒤
그것을 자신의 보물로 만들지 못한다면
아무리 빛나는 황금이나
붉은 다이아몬드라 해도

결국
냄새 나는
오물과 다르지 않다

점과 선

사람에게는
점이 있다

나는 그 점을 잇는
선이 되고 싶다

투시

마음이 운다
형체 없이

기억이 흐른다
빛 없이

살아 있다는 것 ―
그것은
가장 투명한 고통

보이지 않게
나는
조용히
사라지고 있다

읽고 쓴다는 것

어느 날 문득
시인의 시집을 열었다
한 편의 시가 나를 부른다

혀가 아리고 쓴맛이 스며들고
다음 장에는 달콤함이 번졌다
가슴은 화가 치솟고
영혼은 사방으로 흩어졌다

연필을 잡았다
마음의 파편을 종이에 모아
숨결과 심장이 함께 흔들리는 동안
손끝에 시간과 공간이 스며든다

마침내 시 한 편이 태어난다
영혼이 길을 떠나고
나는 존재의 경계를 넘어
다시 내 안으로 돌아온다

도전

안개 낀 소용돌이 속
숨결과 시선이 부딪친다

경험하고 배우고 싶다
내 땀방울의 색과 가치

포기하지 마
지금, 이 순간
마주한 길을 걷는다

한 걸음 더
두려움 뒤로 미루고
발걸음은 흔들려도
심장은 뜨겁게 뛴다

도전은 오늘
여기, 내 안에서 시작된다

무죄

여기가 어디일까
집을 나선 잠시
외출했을 뿐인데

바람에 밀리고
삶에 밀려

이제는 밀리지 마
알았지
잘 살아

숨결이 남은 자리
마음은 여전히
너를 향해
그렇게

신호등

노란 선
기다림 사이
당신의 표정이 좋았다

뜨거운 태양 속에서도
살을 에는 추위 속에서도
우리의 안전을
묵묵히 지켜주었다

늘
당신 덕분에
걸음을 멈추지 않고
웃음을 지으며
오늘도 길 위에 서 있다

이보시게

오늘 그대의 하루가
말 없는 벽처럼 앞을 막았더라도

눈물 한 모금,
한숨 두 줄이 가슴에 쌓였더라도
그대 탓이라 등 돌리지 말게나

길이란
한 번쯤 멈춰 서야
비로소 보이는 것들도 있으니

괜찮네 —
정말 괜찮네 —

바람처럼
그대의 어깨를 조용히
토닥이며 가시게 —

한글

ㄱ자 보여주려 세우다
힘이 모자라 ㄴ자 되었다

ㄴ자에 앉아 쉬고 있는데
햇살이 넘어와 막으니
ㄷ자가 되었다

ㄷ자 위에 ㄱ자가 올라가니
ㄹ자가 되었어요

햇살은 살짝 비켜서
글자들이 웃고
비도 잠시 쉬어가고
우리도 글자와 놀아요

사라짐의 흔적

바람이 걷어간 자리
홀로 남은 너의 이름

봄 햇살에 기대어 거리를 거닐고
나뭇가지에 매달린 지난 겨울의 기억
참새의 체중에 못 이겨

툭 —

날개를 떨며 떨어지는 순간
땅과 하늘 사이
시간을 가로지른다

그 짧은 흔들림 속
이름 하나가 생긴다
그리고 다시
사라짐조차 의미가 된다

언제가 될까

방울방울
초롱 방울

언제
언제
자유롭게 맘껏 뛰어놀까

그날을 위해
초롱이도
으샤 으샤 힘을 내요

방긋 웃는
하얀 이가 보이고
숨은 이도 보이고
보이고 안 보여도

2부

어느 날
바람이 불어오면

남과 여의 말

남자가 말했다
당신이 내게서 멀어지는 이유를
여자가 말했다
내가 당신에게 멀어진 이유를

서로 다른 말을
하고 있는 줄 알았는데
돌아보니
같은 곳을 향해 가고 있었다

조용히
우리의 말들만
방 안에 남았다

우린 사랑이 끝날 때
하는 모든 말을

…다 했을까.

사랑을 먹는 이유

사랑은
기억하고 싶지 않아도
기억나는 일이다

잊으려 할수록
몸이 먼저 반응하고
심장은 천천히 아파온다

눈이 멀고 귀가 닫히고
손끝과 발끝이
자꾸 당신 쪽으로 움직인다

속이 타고
숨은 짧아지고
아무 말 없었는데
그리움은 내 곳곳에
조용히 자리를 잡는다

사랑은
내가 끝내 버리지 못하는
단 하나의 이유다

그대를 향해

걷지 않던 길을
오늘도 조금 더 갑니다
당신이 있던 자리는
익숙해질 뿐
지워지지 않았습니다

비가 오면
발이 젖고
생각이 길어집니다

한 걸음
또 한 걸음

당신이 멈춘 그 자리에
나는 아직
머물고 있습니다

사랑과 그리움

지울 수 있다면
그리기보다
그리워하지 맙시다

지우개로 지워질 사랑이라면
그리움 또한
한순간의 그림자일 뿐

차라리
백지 위의 고요로 남아
영원히 머물지 않기를

사랑의 부작용

사랑이 넘치면
소유가 되고
소유는 집착이 된다

집착은
사랑일까

진짜 사랑은
믿음이 자라고
그 믿음에는 그늘이 없다

집착이 사라진 자리
비로소,
행복이 열린다

아내에게

며칠 밤
잠 못 이루며
수없이 번호를 눌렀다

통화 버튼 위
떨리는 손끝
말 대신 한숨이 흘렀다

가슴은 멍이 들고
지운 메시지는 밤마다 말한다
눈을 감으면
당신의 눈동자가 새벽까지 나를 비춘다

아무 말 못한 채
현실을 끌어안고
펌프질하듯
한숨만 깊어진다

해결도 위로도 없이
그저 가슴만 진동한다

그대에게

그대에게
한 잔의 커피를 드립니다

단 한 번
깊이 삼킬 온기와
마르지 않는 사랑을 담아

우울도 떨게 할 웃음으로
가슴이 요동칠 때마다
잠들 듯
그리움도
감싸 안는 커피를 드립니다

같은 숨결로 아침을 맞고
같은 밤을 지새우며
조용히 그대 곁에
놓습니다

이 잔에
벅찬 사랑과
타오르는 열정을 담아봅니다

사랑하는 일

평생 하는 일
마음과 가슴이 숨 쉬는 일
보이지 않아도 느껴지는 일
온몸이 열병을 앓는 일

전쟁과 평화가 함께 스며든 곳
사랑은 죽은 나무도 살게 하고

오늘도 지금도
내일도 이어질 숨결 속에
우리 함께 심는 일

사랑은 높고 낮다

사랑은 바닥에서 움츠린다
어둡고 차가운 날
밝고 뜨거운 날도 있다

조금씩 자라
무수히 날아오르고
차오르며
차가운 가슴을 붉게 태운다

불의의 사고처럼
순식간에 떨어지고
긴 생처럼 다시 오른다

증명할 수 없지만
사람마다 얼굴에
빛과 향기로 번져
시간의 숨결로 이어진다

외롭고 뜨거운 것

하루가 낯설게 다가올 때
혼자 바닥으로 내려간다

닿지 않는 바닥
놓아버린 마음과 몸

두 눈에서 눈물이 흘러
조용한 강이 된다

걸어온 시간
흔적은 한숨으로 길을 짓고
산다는 것 위에 슬픔을 올린다

더 이상 내려갈 곳 없는 어둠
그곳에서 타오르는 감정이
몸을 끌어올린다

툭, 툭─
외롭고 뜨거운 그것
시간만이 기억하리라

세레나데

정동 바다
안개를 걷고

아침, 떨리는 손끝
점심, 햇살의 입맞춤
저녁, 물결 속 하늘빛

숨, 땀방울 하나
반짝 웃고
시간은 우리의 일부

햇살이 오면
부질없는 것들은 사라지고
바다는 다시
노래를 시작한다

그리워하는(바보사랑)

마음의 언어는 발이 없다
가고 싶은 곳 어디든 간다
당신이 있는 곳
가깝고도 먼 곳으로

만나면 눈물이 흐르고
못 만나면 바다로 번진다

그리움의 물결 속에서
마음은 발이 되어
공기가 되어
당신 곁을 맴돈다

그리워하면 바보
그래도 좋다
손끝으로
발끝으로
사랑은 흐른다

다시 우리

가끔은 나조차
나를 믿지 못했습니다
당신도 그랬을까요

하지만
숨 하나
말 한마디에
우리는 다시 일어났습니다

흔들리면서도
끝내 서로를 붙잡는 사람들 ―

넘어져도 괜찮습니다
우리는 다시
빛을 향해 걷는 사람들입니다

우리 다시 만날 때까지

당신을 사랑할 수 있어
모든 순간이
별빛처럼 빛났습니다

볼 수 있을 때나
볼 수 없을 때나
당신은 내 마음의 중심이었습니다

그대 없는 날
시간은 길게 늘어지고
숨은 바람에 흩어졌지만

남은 것은
영혼에 남은 흔적

우리 다시 만날 날까지
사랑으로 길을 걸어갑니다

어느 날 바람이 불어오면

비가 오면
묻어둔 눈물이 따라오고

햇살이 스며들면
그늘진 마음이 흔들립니다

천둥이 울리면
눌러둔 감정이 들끓고

구름이 덮이면
고요한 슬픔이 내려앉습니다

꽃이 피면
잊었던 계절이 열리고

나비가 스치면
그리움이 이름을 가집니다

그렇게
어느 날 바람이 불어오면
그저, 말없이 흔들립니다

그리움의 방향

차창 너머
당신의 햇살을 본다

문득,
혼자인 나를 본다

부저 소리
차가운 아침을 흔들고

당신이 있는
하늘도 별도
아무 말이 없다

당신의 목소리를 더듬다 보면
산은 꺼지고
바다는 뒤집힌다

언제부터였을까 ―
찢긴 마음 끝에서
바람의 소식만 기다린다

이럴 때 그대가 무척 보고픕니다

사랑이 온다는 소식에
심장이 아침 먼저 달립니다

그대 숨결 닮은 편지
눈이 먼저 찾아가고

햇살 스며들면 늘 그대
그리움 앓을 때
손끝 온기 머물고
바람 속 숨결 섞이면

저녁이 젖고
가슴이 아리며
이럴 때 그대가
무척 보고픕니다.

당신이 내게서 떠나가던 날

의자에 앉아 있었다

유리벽 너머를 멍하니 바라보았다
발은 땅속으로
깊이, 더 깊이 빠져들었다

머리카락은 하늘로
시간은 세상을 멈췄다
뛰고, 울고, 소리쳤다
하얀 연기가 날아갔다

검은 양복은 물로 채워지고
손은 머리를 흔들었다

눈은 떠 있었지만
감은 듯했다
당신이 내게서 떠나가던 날

당신이 살펴본다면

사탕 녹이는 햇살 속
뜨거워지는 지구
당신이 살펴본다면

우리는 여기, 저기
반대편에도 있다

삼킬 듯 달려드는 햇살
아지랑이 피어나는 지구 속
우리는 감정을 숨기고

푸른 별은 글썽이며
당신에게 외친다

당신에게

가끔은
당신도
당신을 잃습니다

거울 속 낯선 눈빛
말 없는 손끝조차
자신을 외면합니다

그래도
기억해 주세요

당신은
누군가의 전부였고
어떤 하루의 이유였으며
지금도
충분히 빛나는 사람입니다

오늘도
당신이라는 이름은
나의
존재의 의미입니다

그 이름 아래

한 걸음
또 한 걸음

기억의 주소를 따라
당신이 머물던 자리 위에

조용히
그 이름을
길 위에 놓습니다.

마주하는 공기

어제도 있었다
오늘도 있다
내일도 있으려나

하루하루 다른 날
나를 알아볼까
나를 반겨줄까

다가오는 하루 속
낯설지 않게 숨 쉬며
세상과 함께
기쁨이 되고 싶다

봄 하늘 아래서

조금 더
그보다 더 눈부신 햇살

방울방울 담긴
봄마음

봄볕과 아지랑이 불러
새싹 위 희망
사랑 피우고

봄 사랑
비빔밥 한 그릇 나눠
그대 하늘 아래서

3부

봄 틈 사이로

봄이다

그날이었어

햇볕이 따갑고
바람이 부르고
꽃잎이 얼굴 내밀 때
마음이 솟아오를 때

겨울은 깊이 잠들고
꽃과 하늘을 향해 기도할 때

너를 보면
제멋대로 두근거릴 때

낮에도 밤에도
별이 보고 싶을 때

봄 틈 사이로

잃어버린 겨울 땅 사이
입김이 몸서리를 친다

길고 깊은 저녁과 밤을 지나
아침을 맞는 겨울과 여름 사이

땅과 하늘 사이
육지와 바다 사이
사람과 세상 사이
벌어지고 이어지는 틈

겨울이 가면
몰래 숨겨둔 아픔과 상처를
봄 틈 사이 햇살과 함께
꽃 피우며 일어나자

봄이 좋아요

햇살이 말을 걸어요
오늘은 따뜻하라고
손끝마다 살구빛이 번져요

바람이 어깨를 스쳐요
오늘은 밀어준다고
내 그림자를 자전거에 태워요

비둘기가 뒤따라 와요
뻥튀기 냄새에 취해
봄을 한 입 먹으려 해요

하늘에서 꽃비가 내려요
하얀 분수처럼 터지며
봄이 내 발끝을 덮어요

가을비

전신에 가을 향기를 그린다

빗물,
한 방울 또 한 방울
서로 스며 흐른다

동심원처럼
바람과 바람도
하나가 되면

다음이 조용히
기대된다

가을 n 겨울

가을과 겨울
아직 힘겨운 싸움을 한다

가을이여, 힘내라

이번에 겨울이 이겨도
내년엔
가을이 먼저 하늘을 물들인다

겨울비는 말한다

아침 햇살 속 벚꽃 나무
바람이 머리채를 잡고 흔든다

숨죽이던 창문 너머
비가 쏟아져 가슴을 부풀린다

낙엽은 너덜너덜
눈물만 남고
바람은 겨울비에 턱을 들이댄다

별까지 숨은 밤
젖은 소매로 아침을 닦으며
겨울비가 부푼 마음을 밀어낸다

기다림도
그리움도
언제나, 순간이라고

늦은 가을

양털 구름이
푸른 하늘에
멈췄어요

바람이 자꾸 밀어
구름 앞에
조심스레 다가가니

사랑 담은 단풍이
떨리는 마음에
더욱 빨개졌어요

햇살 한 줌 스치며
얼굴 위에 내려앉고
가을이 웃고 있네요

낙엽

하늘에서 툭 —
떨어졌어요
마지막까지 붙들던 이파리
바람의 심술에 툭 —

처음엔 무서운 벌레인 줄 알고
마음이 툭 —
떨어졌어요

지난달은 옆 동 할머니
이번 달은 앞 동 슈퍼 아주머니
지난주는 119동 영수가
하늘나라로 여행을 떠났어요

민들레도 툭 떨어져
예쁜 꽃을 피우는데
나무는 이제 떨어지지 말고

언제나 푸른
하늘 다리 만들어요
우리 마음 위로
조용히 다가와요

눈만 남았어요

코가 막혀요
땀이 턱으로 탈출해요
숨이 점점 짧아져요
친구 얼굴이 희미해요

귀가 아파요
머리도 묵직해요
점심시간이 두려워요
눈만 웃고 있어요

뛰지 말래요
꽃도 만지지 말래요
손도 잡지 말래요
세상이 흰 천으로 덮였어요

하늘은 좋겠어요
구름은 아무것도 쓰지 않아요
나도 식물이 되고 싶어요
바람을 그대로 마시고 싶어요

바람에 바람에

활짝 기지개 편
분홍 꽃잎 하나

바람에, 바람에
마음을 얹어 올리니

그 마음
울려 울려
그대에게 닿아

한 줌
행복의 물감이 되었습니다

목련꽃

아침에 눈이 나무 위에 내려앉았다
하얀 꽃잎
달빛을 삼키며 잠시 머문다

바람 스치면 흩어지는 시간
연분홍 속 주홍 닭볏
숨결 따라 스민다

참새 울음
바람 손짓
가슴은 하늘 끝을 더듬는다

꽃은 묻는다
삶은 스러져도 사랑은 남는가
눈부신 공허 속 대답을 찾는다

흩날리는 꽃잎 속
잠든 햇살에 내려앉고
짧은 순간 영원처럼
사랑은 이렇게 머문다

지평선 넘어가면

지평선 넘어가면
저녁과 아침이 서로 만난다
가벼워지는 저녁
무거워지는 아침

저녁은 배가 고파 슬프고
아침은 배가 불러 기쁘다

저녁은 보고 싶은 사람 만나고
아침은 보고 싶지 않은 사람 다시 본다

저녁은 창밖 어두워지고
미안하다고 속삭이며
아침은 새로 눈 뜬 숨소리로
어제 없던 길을 걷는다

그렇게 오랫동안
우리는 침묵하며 살아간다

풀잎

물 위에 어쩌다 표류하는
흔들리는 풀잎

뿌리는 어디에 있을까
물은 알지 못하고
한 걸음, 또 한 걸음
숨 막히듯 나아간다

손을 뻗으면
기쁨도 슬픔도
잠시 머물다 흘러가고

가슴 벅찬 사랑과
너와 나의 기쁨
풀잎에 스며든다

비 오는 날

햇살이 내리는 오전
나를 위해 내린 따스한 온도
소리 없는 소나기

눈에서
넘쳐 흐른다

하늘에 매달려
빗물을
멈춰 달라 애원하지만

빈 마음을 채울 햇살만
조용히 나를 바라본다

비(여름비)

그녀는 비가 온다고 했고
마지막 날까지
맑은 하늘 위로 비가 흐른다

나는 매일 말하지 않아도
슬픔이 시간 위에 내리고
빗줄기처럼 쏟아진다

떨어지는 울음처럼
툭툭
숨이 터져 흐른다

그렇게
오늘도
비와 함께 나는 젖는다

어느 날 오후

겨울이었다
커피숍 창가에 당신이 있었다
따뜻한 아메리카노 두 잔을 주문하려다
목소리가 얼었다

손끝으로 컵을 가리키며
검지와 중지를 세웠다
의자는 나를 삼키고
심장은 조용히 타올랐다

당신 한 잔, 내꺼 한 잔
커피 향이 목구멍을 스치자
혀끝이 화끈거렸다
살이 타는 냄새가 났다

이렇게라도 아파야
당신을 잊지 않을 수 있을까

바다 한가운데

바닷가에 비가 내린다
파도는 두고 온 마음을 따라 올라간다

흰 모자 쓴 갈매기
억만년 참았던 침묵을 깨우고

빗물에 깎인 앙상한 뼈를 만지며
말들이 겹겹이 쌓이는 것을 본다

끝없는 바다지만
지금 우리의 심장은 여기 뛰고 있다

햇살은 오후 내내 생명을 쏟고
바람과 한 몸이 되는 순간

여기, 바다 한가운데
숨 쉬는 마음으로 우리는 살아 있음을 느낀다

까마귀가 목청을 떨치던 날

아침이슬
투명한 거울
나뭇가지 위 까마귀 하나
목청을 떨며 세상을 흔든다

가녀린 가지 흔들리고
잎들은 허공 속 춤을 추며
햇살에 금빛 파스텔을 그린다

호통쳐도 아랑곳 않고
친구들을 불러 잔치를 벌인다

오늘도
까치와 까마귀 울음이
우리 하루를 바쁘게 한다

느티나무

그대의 겹겹 삶
누구도 풀지 않으려 한다.

조용히 솟은 장대한 몸짓
역사의 속삭임에 귀 기울이면

작고 견고한 살결엔
단절된 서글픔 숨어 있다.

폭풍 속 견뎌온 그대
오늘도 사색을 살결에 남기고

한 맺힌 넋두리에
맘을 열어 밝혀 보지만

그대 기품 따라
낙엽 따라
영겁의 시간을 써 내려간다.

4부
침묵하는 허공

밤이 눈을 뜨면

그림자는 길어져
검은 병풍처럼 서고

발걸음마다
어둠이 빛을 삼킨다

낮의 꽃은 피가 마르듯 떨어지고
밤은 기다림을 모른다

낯선 눈동자
떨리는 옷자락
심장을 스치면 몸은 제자리에 없고

숨을 죽이고 눈을 감으면
영혼도
생각도 버텨낸다

막막해도
답답해도
위안은 여전히
밤과 맞서는 지금

하루가 무너질 때

당신이 다가오면
몸이 먼저 안다

웃으면 가벼워지고
스치면 기울어진다

눈물이 맺히면
숨이 멎고
말없이 떠나면
하루가 무너진다

다시 오면
나는
다시 산다

하루 플러스

오늘
들어왔다

나도 모르게
+ 흔들렸다 Σ
　왜일까

당신인가
+ 기억인가 Σ
　부족함

숨
+ 버티기 Σ
　반복

하루
+ 하루 Σ
　나는

답은 없고
질문만 쌓인다
그래도 걷는다

좋은 아침

꽃을 들었다
장미 한 송이
라벤더 한 줄
아내가 좋아하던

아침 공기는 조용했지만
오늘은 무게가 있었다

길 위에서
숨을 고르고
그곳에 섰다

그 앞에서
그녀가 웃던 날들이
또렷이 떠올랐다

그리움은 말이 없고
눈물이 대신했다.

온종일

구름이면 구름 되어
그대와 솜사탕 나누고

바람이면 바람 되어
온종일 그대 따라다니며

햇살이면 햇살 되어
계절을 감싸 안고

사랑이면 미소 되어
마음으로 호흡하고

마주하며 또 마주하며
하루를 살아 숨 쉬며

다가오는 시간을 축복하며
우리 영혼의 희망되자

손길 없는 시간

신은 인간에게
말할 수 있는 힘을 주었다

그러나 말 사이에는
침묵이 흐른다

인간은 언어로
사랑을 건네고
세상의 경계를 넘어
손길 없는 시간에도
마음은 서로를 기억한다

우리는 늘 여기서
같이 걸어간다

얼굴의 하루

눈에 물이 톡 떨어졌어요
눈이 눈 위에서 내려와
눈 틈으로 숨어 버렸어요

눈에서 풍덩 풍덩
헤엄치더니
물이 눈 밖으로 넘쳤어요

볼때기는 물벼락을 맞고
빨갛게 부어올라
코에 바람을 불었어요

코는 뜨거운 바람에
에취 ― 에취, 소리를 내었고
입은 시끄럽다며
꾹 닫고 숨을 멈췄어요

한동안 조용해진 코와 입
눈도 이제 크게 뜰 수 있었어요

오늘도 눈 코 입
열심히 하루를 보내고 있지요

외출

"소풍을 간대"
"정말?"
"응, 봄이 가기 전에 갈 것 같아"

냉장고 안 과일들의 얼굴이 달라졌어요
콩닥콩닥 설레는 딸기, 포도
"싫어 난 안 갈래" 파인애플

"집에만 있어서 답답해!" 바나나가 화내자
"밖은 눈부시게 뜨거워 그냥 집이 좋아"
딸기와 포도, 방울토마토도 투덜 ─

"알아서 해, 오늘은 빨리 자자"
포도가 어두운 표정으로 말했어요

한밤중, 과일들은
조용히 이사를 했어요
아침이 밝았고
냉장고 안은 모두 비었어요
오늘도

마실 수 없는 찻잔

달빛 위
태양 녹인 찻잔

밤새 바람과 비
심장을 두드린다

숨은 있어도 질식하고
길은 있어도 걸을 수 없다

태풍이 할퀴고 간 자락
상처는 속삭이며 피를 흔든다

몸은 멎고
전신이 끓고
어둠이 심장을 태운다

나는
두 손으로 찻잔을 품는다

팥이 입속에 들어간 이유

입을 크게 벌려 한입 베어 물었다

식빵 위 버터와 놀던 팥이
순간 빨려 들어갔다

미끄러지듯 속으로 비탈을 내려
앙금이 속살을 드러내며 차오르고
차디찬 우유가 밀려 들어왔다
색이 변한 액체가 목에서 돈다
순서 없이 뒤엉킨 골목을 부딪치며
목구멍은 출렁이고 소용돌이는 거세졌다

끝내 이대로 어쩔 수 없는 것일까
숨이 가빠오고 몸을 흔든다

누군가는
잊을 수 없는 달달함도
몸을 가눌 수 없는 달콤함도
한동안 머물겠지만.

외침

새벽을 가른 진동
잠든 몸이 떨린다

심장은 깊은 물속
느리게, 더 느리게 가라앉고
눈꺼풀은 무거운 장막

소란이 고요를 밀어내고
손은 허공을 더듬는다
문은 아무 말도 하지 않는다

몸은 얼음처럼 굳고
피는 서서히 마른다

작은 알람, 새처럼 날아와
나는 문을 밀고
찬란한 아침 속

"휴…"

짧은 한숨
나는 지금 살아 있다

부재의 정적

구름 한 점 없는
하늘을 두드린다

가슴 한 귀퉁이
허공처럼 비어간다

당신을 향해
손을 뻗어보지만

보이지 않고
웃지도 않는
먼 사람

미소

이른 아침
당신을 마주한다

빛처럼 스며든
그대의 웃음

오늘 하루
내 마음의 방향이 된다

외로움

다행이다
어제도 지나가고
오늘도 지나간다

시간은 차곡차곡
일상 속 빈자리를 채운다
어디까지 감당할 수 있을지 알 수 없다

함께할 수 없는 날부터
기억 속에 머무는 날까지
공간의 소리를 느껴본다

멀리서 내 마음이 흔들리고
바람이 스쳐 간 자리마다
외로움이 조용히 자리한다

무방비

비바람 휩쓸고 간 자리
낙엽 하나
이름을 잃는다

참새 울음
까치 기지개
가벼운 싸움이 아침을 열고

봄을 견딘 나무
겨울 앞에서 속살을 드러낸다

햇살은 금빛 천
바람은 느린 음악

기쁨 스며든 순간
지축 흔드는 발소리
침묵 찢고, 공포 밀려온다

우리는 무방비로
숲의 맨몸 위
죄의 흔적을 남긴다

비어져 버렸습니다

아내가 아프고 병원에 누운 뒤
낮과 밤을 바꿔가며 기도했다

사랑하는 아내를 살려 달라
저를 대신 데려가 달라
손마디가 닳도록 빌었다

단단히 채워진 집
아내와 딸과 내가 웃던 자리
누구도 원치 않았던 빈자리

너무하십니다, 하느님 ─
저를 울리고
딸의 세상도 통곡으로 만들었다

눈물은 강이 되어 흐르고
수많은 기도와 하소연도
끝내 닿지 않았다

이제 아내의 빈자리를
온 우주를 준다 해도
채울 수 없다

마음과 계절

봄은
지나갑니다

하지만
마음은
아직 그 자리에 있습니다

계절은
돌고 돌아가지만

지금
내 마음은
한 계절에
멈춰 서 있습니다

언제나

사랑은
따뜻한 손 하나면 충분하다

말보다
등을 토닥이는 작은 침묵
눈이 마주칠 때
겨울을 녹이는 고드름

희생이 아니라
기울기처럼
너와 나의 무게를 맞추는 일

서로의 숨을 입김으로 불어
서로의 차가운 마음에
작은 봄 하나씩 심는 것

동감

울고 싶으면 울어요
눈물도 흘러야 할 방향이 있어요

웃고 싶으면 웃어요
시간도 숨을 고르고 싶을 때가 있잖아요

기억은 문이 되기도 하고
마음은 그늘에 오래 머물기도 해요

보고 싶다면
그 이름 가만히 불러요
백 년도 못 채우는 삶이라면
사랑 앞에서
억지로 참지 않아도 돼요

정답은 없지만
누가 더 애달팠는지
누가 먼저 고요해졌는지는
마음이 알 수 있어요

침묵하는 허공

사정없이 불어오는 바람
멈추려 했지만
멈출 수 없었다

마음도 허공을 향해
하루하루 소중히 살았건만
침묵하는 허공은
언제나 현재에 머물러
슬픔을 더하며 다가오고
영혼을 채울 수 없는 자리
바라봐도 잡을 수 없는 시간
허공에 손을 뻗어본다

누가 이 손을 잡아 줄까
영혼은 슬픔으로 가득 차 있다

조용히 묻는다

오늘이 길일이라며
땅을 파고 있었다
바닥이 보이지 않을 때까지

수평선을 오래 바라보다
달에 부딪친 공기의 울음을 들었다

눈앞의 생수병 하나
내 안의 물처럼 흔들릴 때

빛이 나를 스쳐 지나며
조용히 묻는다
너는 지금, 여기에 있는가

어느 거리에서

거리를 걷는다
하늘에 그대 미소가 번진다

마음은 한 점을 향해 떨리고
보이지 않는 힘이 발걸음을 붙든다

그림자는 길게 늘어나고
어둠은 스스로 숨을 쉰다

바람 사이 스친 발자국마다
그대의 숨결이 흔적을 남기고

다가오는 밤
희미한 빛 속
나는 그대와 함께 걷는다

어떤 밤

어두운 밤하늘에
별 하나가 생겼다

그날부터 하루하루
한 곳만 바라보는 나

밤이 깊어
가만히 서서
가슴 막힌 것을
눈시울로 옮기고
손가락 사이로 흘렀다

오늘도
별에 사랑을 새겼다

사이

이내 벌어졌습니다

누가 먼저 벌렸는지 모른 채
하루를 지내고 또 하루를 지냈습니다

봄비는 바닥을 가르고
여름은 숨통을 더해
달력을 잡아당기며
텅 빈 하늘을 만들었습니다

어디서부터 어디까지
마음이 달렸는지
조용히 돌아보면
사이만 남아 있습니다

가면

언제부터
그대가 누구인지 모른다
알고 싶지도 않았다

언제부터
그대의 말이 많아졌다
이제는 듣고 싶지 않다

언제부터
두려움을 잃은 그대가 낯설다

언제부터
위험을 거리낌 없이 행한다

정말
믿기 어렵다

둥글둥글 은방울

둥글둥글 은방울
우산 위로 데굴데굴
바닥에 톡, 점프해요

둥글둥글 은방울
연못 위로 톡 떨어져
물결이 살짝 인사해요

둥글둥글 은방울
지우개로 지울 수 없어
오늘은 그냥 맞을래요

비누

자꾸 눈물이 나요
눈에서
턱에서
손에서

자꾸 미끄러져
놀지도 않아요
웃는 얼굴일까
우는 얼굴일까

오늘은 친구 하려 했는데
심술만 부리는
바보가 미워요

내일은 하하 — 히히 —
웃으며 놀았으면

5부

오늘을 살아가는
나에게

독버섯

어느 날 문득
내 말 한 줄이
누군가의 마음에
독버섯처럼 돋았을까 생각했습니다

다정하지 못했던 날들
무심히 스친 표정 하나
숨기지 못한 서운함들이
사람을 가만히 병들게 하진 않았을까

나도 몰랐던 사이
나는 살기 위해
누군가를 시들게 했는지도 모릅니다

이제는 소중한 이름들을
조심스레 불러봅니다
그 이름 곁에
나의 말과 마음이
다시는 상처가 되지 않기를 바라며

땅벌의 여행

봄 친구가 이사하고
여름 친구가 찾아오면
목련꽃 봉오리에 앉아
향기와 놀던 땅벌

친구 벌들이 부르는 소리에
길을 잃고 집을 잃어
우리 집이 자기 집인 양
방충망에 붙어
왱 — 왱 — 외친다

공주가 소리쳤다
"엄마, 아빠! 땅벌이 들어와요!"
못생긴 땅벌은
더 큰소리로 왱 — 왱 —

허겁지겁 아빠가
에프킬라로 칙 — 칙 —
길 잃은 땅벌은
정신을 차리고 제집으로 돌아갔다

그늘

횡 — 횡 —
쉑 —
쉑 ——

후드득 —
나무가 세차게 얻어맞아요
손과 몸으로 막아보지만
힘이 없어
막을 수 없어요

그늘을 만들었다는 이유로
아픔을 겪다니

바람은 몰래 지나가고
잎사귀는 떨고
나무들은 숨죽여 있어요

신발

언제나
무게를 보통으로 견디고

햇빛이 비쳐도
묵묵히
비가 오나
눈이 와도
안전하게

사랑 담고
행복 담는
발가락 친구

오늘도
길을 지켜주네요

힘차게 으샤

고양이는
손발이 다 닳도록

참새는
수다쟁이 곡예비행

오리는
앞으로 뒤로 앞으로 뒤로

코끼리는
길을 비켜라
난 멈출 수 없어

아기는
어라 어라 신기하네

나는
앞굽과 뒷굽이 헐 때까지
힘차게 으샤 걸어요
한숨도 크게 쉬며

오늘을 살아가는 나에게

스스로를 지키는 것
조금씩 나를 알아가는 일

천천히 사랑해 보는 일
흔들릴 때는
말없이 제자리에 서 있는 것
복잡함은 잠시 접고

지금,
내가 할 수 있는 것 하나
그것이면 충분하다

나는
오늘의 중심
내 삶의 가장 소중한 사람이다

우리 시작해 볼까

사랑은 밥을 먹여주지 않는다는데
사람들은 왜 사랑을 할까.
한 끼 굶주림쯤 아무 일 아닌데, 사랑 하나로 허기를 잊고,
눈빛 하나로 하루를 버틴다.
사랑은 마약처럼 돈 없이도 취하게 하고, 살아 있음을,
심장이 뛴다는 것을 온몸으로 느끼게 하는 금지된 감정.
사랑은 때로 아프고 때로 구원자이다.
사랑의 해독제는 있을까? 그 해독제는 또 다른 사랑.
너는 어떤 사랑을 원하니?
말 없는 신뢰, 온도계처럼 전해지는 뜨거운 확신?
서로 다른 존재가
숨과 눈빛으로 이어지는 빛의 속도 같은 사랑.
그 사랑, 우리에게도 가능할까?
혹시 아주 작은 불씨 같은 시작이면 될까?
우리,
시작해 볼까.

한 마디

당신의 한 마디가
내 인생의 마지막 행복이었다.

한마음

하늘이 묻는다
— 마음은 어떠하냐고

내 마음은 당신
당신 마음은 내 마음과 닮았다

목소리는 먼지가 되어도
기억 속에 남아
슬픔으로 하늘을 물들이고

기쁨과 아픔 함께였으니
우리 사랑과 웃음이
하늘빛으로 남아
언제나 한마음

꿈나라

허공을 발로 걷어찼다
맞은 듯
아닌 듯
흔들린다

머릿속은 생생한데
깨어도 깨어나지 못한다

감으면 펼쳐지는 세계
아는 사람
모르는 사람

이어지지 않는 생각 사이
나는 떠돌며 잠시 멈춘다

오늘 밤
아무 일이 없기를
이곳에서 나는 그대로 있었다

솜사탕

혀가 닿으면
살결처럼 녹아 퍼지는 달콤함

손끝에 남은 거품
순간의 체온과 욕망
끈적이게 흘러내린다

먹어도 줄지 않는 배고픔
사라지는 달콤함을 붙잡으며
나는 또 손을 뻗는다

한 줌의 달콤함 속
내 안의 공허를 채우려
작은 욕망을 무한히 반복한다

군밤

어젯밤에 할머니가
군밤을 한 움큼 주셨어요

바지 주머니 속에서
오래도록 데워둔 밤알들

손바닥에 올리자
작은 불씨처럼 따뜻했어요

그날 이후로
군밤은 식었어요

이제는 그 온기를
다시 받을 수 없어요

겨울마다
할머니 손이 그리워요

엄마의 웃는 모습

엄마, 엄마 —
오늘도 별밤에서 만나요

어제도 보았는데
내일도 볼 수 있을까요

어제 오늘이 같은데
일곱 해가 지나갔어요

엄마의 웃는 얼굴이
가슴 속에서 자라요

점점 커지고
터질 듯 빛나요

오늘도 꿈속에서
엄마를 안고 싶어요

샛별 옆자리

이마에 송골송골
가슴이 콩닥콩닥
얼굴이 따끈따끈해요

오늘 처음 만난
우리 샛별 반 친구
내 옆자리에 앉았어요

손끝이 살짝 닿자
햇살이 따라 웃어요

창밖에 봄바람도
우리 쪽으로 불어요

가슴 속 작은 종이
두근두근 울려요

아무도 모르게

살금살금
숨을 멈추며
아무도 모르게

천천히 천천히
꽃나무가
잠에서 일어났어요

바람이 흔들어 주고
햇살이 눈을 맞추자

콩닥콩닥
심장이 뛰었어요
눈을 맞췄어요
아무도 모르게

아침 하늘

솜사탕이
천정에 붙었어요

너도 한 입
나도 한 입 먹어볼까

손을 뻗어 보지만
아까워 먹지 못하고

입술과 볼이
얼룩말이 되었어요

아침 햇살 스며
솜사탕 구름 위
잠시 웃고
하늘도 웃네요

삶의 끝자락에 서서

초판 1쇄 발행 2025년 11월 27일

지은이 박치준

펴낸이 류태연
펴낸곳 렛츠북
주소 서울시 영등포구 문래북로 116, 1005호
등록 2015년 05월 15일 제2018-000065호
전화 070-4786-4823 ㅣ **팩스** 070-7610-2823
홈페이지 http://www.letsbook21.co.kr ㅣ **이메일** letsbook2@naver.com
블로그 https://blog.naver.com/letsbook2 ㅣ **인스타그램** @letsbook2

ISBN 979-11-6054-780-1 (03810)

* 닻별은 렛츠북의 임프린트 브랜드입니다.

* 이 책은 저작권법에 따라 보호를 받는 저작물이므로 무단전재 및 복제를 금지하며,
  이 책 내용의 전부 및 일부를 이용하려면 반드시 저작권자와 도서출판 렛츠북의
  서면동의를 받아야 합니다.

* 잘못된 책은 구입하신 서점에서 바꾸어 드립니다.

* 이 책은 한국예술복지재단 창작디딤돌 사업으로 선정되어 발간합니다.